LACAVE-LA PLAGNE BARRIS

par C. Lacave La Plagne Barris

Memor esto patrum tuorum.

SIEMPRE FIEL

AUCH

IMPRIMERIE LÉONCE COCHARAUX
18, RUE DE LORRAINE, 18

1907

FAMILLE

LACAVE LA PLAGNE BARRIS

FAMILLE

LACAVE-LA PLAGNE BARRIS

Memor esto patrum tuorum.

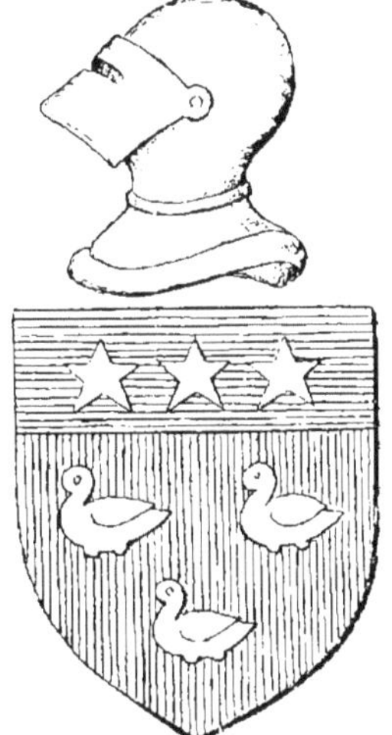

AUCH

IMPRIMERIE LÉONCE COCHARAUX

18, RUE DE LORRAINE, 18

1907

SIEMPRE FIEL

Memor esto patrum tuorum.

FAMILLE

LACAVE LA PLAGNE BARRIS

FAMILLE LACAVE

UNE tradition ou plutôt une légende, conservée précieusement parmi nous, fait remonter l'origine de la famille Lacave aux temps les plus reculés. Une légende n'est jamais qu'une légende; elle peut être l'expression de la vérité, comme aussi le produit

d'une imagination emportée; mais, comme j'ai toujours eu le plus profond respect pour ceux qui m'ont précédé et que j'ai le culte des souvenirs, je crois à notre légende que je donne içi d'après les notes éparses trouvées dans nos papiers de famille.

Au commencement du viiie siècle régnait en Espagne le roi don Rodrigues. Ce prince avait un fils portant le même nom de Rodrigues; ce jeune homme avait toutes les qualités morales et physiques qu'un homme peut désirer.

A cette époque, le gouverneur des provinces de Mauritanie soumises à l'Espagne était le comte Julien, un des plus grands seigneurs de la cour du roi don Rodrigues.

Le comte Julien avait une fille unique, nommée Lacaba, remarquable par sa beauté merveilleuse.

Le comte Julien avait toute la confiance du Roi et était pour lui un ami et un fidèle conseiller.

En l'année 711, le roi don Rodrigues voulut confier une mission importante au comte Julien, qui devait aller en Afrique et traiter de différentes affaires avec les chefs arabes. Le comte représenta au Roi qu'il lui répugnait d'accepter cette mission parce qu'il ne voulait pas laisser sa fille exposée aux entreprises des jeunes seigneurs de la cour. Le Roi pressa le comte en lui jurant qu'il se chargeait de Lacaba et qu'il la garderait avec lui, dans son palais, la traitant comme sa propre fille. Vaincu par ces assurances, le comte Julien partit pour l'Afrique, et pendant son absence le Roi abusa de son autorité, et Lacaba mit au monde un fils qui prit le nom de sa mère, *Lacaba* ou *Lacava*, comme la nomment les auteurs espagnols.

Le récit des auteurs arabes diffère un peu de celui des espagnols. Je donne ici la relation des écrivains arabes, Ibn-Kantel et Abul-Feda.

Le roi goth Int'za, ayant lassé la patience de ses sujets par sa tyrannie, ses oppressions et sa cruauté, fut déposé par la noblesse et le clergé qui firent monter sur le trône un prince goth du nom de Rodrigues.

En l'année 711, le roi Rodrigues chargea le comte Julien, gouverneur de la Mauritanie, d'une mission diplomatique auprès des chefs arabes et en même temps lui commanda d'aller dans le sud de la Tingitane pour lui procurer des oiseaux aux riches plumages.

Le comte Julien, avant de partir, confia sa fille Lacaba au Roi, qui la plaça parmi les demoiselles d'honneur de son palais. Le prince Rodrigues, fils du Roi, épris des charmes de Lacaba, la fit consentir à une union clandestine à la suite de laquelle Lacaba mit au monde un fils appelé Lacabe.

A la nouvelle de cet événement, le comte Julien entra en grande fureur, mais il dissimula son courroux; et, une fois ses deux missions remplies, il revint à la cour du roi don Rodrigues. Sur les conseils de son père, Lacaba, emportant son fils, passa en Afrique.

En 713, le comte Julien alla reprendre possession de son gouvernement où il employa tout son zèle, surexcité par l'affront fait à sa famille, à soulever les Sarrasins en les engageant à envahir l'Espagne. Ces conseils furent goûtés par ces tribus conquérantes, et en l'année 718, une armée de plus de 5oo.ooo Sarrasins franchit le détroit, et, après avoir taillé en pièces l'armée chrétienne dans les plaines de Xérès, de la frontière se répandit dans toute l'Espagne et y établit sa domination.

L'armée musulmane franchit ensuite les monts Pyrénées en 733, sous les ordres d'Abderaman, et couvrit le midi de la France de ruines et de sang.

Le jeune Lacabe rejoignit l'armée principale et conduisit au delà des Pyrénées un fort contingent de Sarrasins. Il rencontra près du lieu de Bassoues, en Gascogne, une armée chrétienne ayant à sa tête le prince Frix (de Frise). Ce prince fut tué dans le combat et son armée fut détruite par les arabes. Mais leur chef Lacaba resta sur le champ de bataille, grièvement blessé. Ses compagnons l'abandonnèrent pour continuer leur chemin vers la Garonne.

I. — Le jeune Lacabe fut recueilli par les chrétiens et transporté à Pouylebon, où il fut soigné et guérit de ses blessures. Il se convertit au christianisme et se maria avec une fille du pays qui lui apporta en dot un domaine situé sur le territoire de Pouylebon. Il fonda une famille qui se perpétua d'âge en âge jusqu'à nos jours.

Nous retrouvons parmi ses descendants :

II. — Bonhomme de LACAVE, témoin d'une donation faite à l'abbaye de Berdoues en 1182. Guarin de Lacave témoin d'une donation faite à l'abbaye de Berdoues en 1197.

III. — Willelmus de LACABE (1280), témoin d'un acte d'emprunt contracté par la communauté de Pouylebon envers le chapitre des chanoines de Sainte-Marie d'Auch.

Ce Guillaume de Lacabe ou Lacave avait épousé Odette de Panassac, du lieu de Saint-Christaud.

IV. — Vézian de LACAVE servit dans les guerres de Gascogne, contre les Anglais, comme le prouve une quittance de ses services militaires délivrée par lui en 1339.

V. — Ramon de LACAVE, en 1408, se trouve parmi les principaux habitants de la région qui assistent à Bassoues à la prise de possession du château et de la ville de Bassoues par le vicaire général Jean de Massas, délégué par l'archevêque d'Auch, Jean IV, cardinal d'Armagnac.

VI. — Arnaud de LACAVE, quitta Pouylebon vers 1570, en y conservant son domaine du Haraut.

Il acheta une maison dans la ville de Montesquiou. Cette maison touchait au midi la muraille de la ville et avait pour voisines les familles de Bordes et Dubarry ou de Barris.

Il épousa Catherine de Théas, d'une famille du comté de Bigorre. Ils eurent pour enfants :

1° Jean, né en 1590, qui suit;

2° Jean-Jacques, né en 1593, prêtre.

VII. — Jean de LACABE ou LACAVE, épousa Jeanne de Jullian, d'une ancienne famille de Montesquiou. Il prit part, comme notable, à toutes les affaires de la communauté de Montesquiou. Il eut pour enfants :

1° Pierre, né le 3 juillet 1621, prêtre et chanoine du chapitre de Larroumieu;

2° Jean-Jacques, né le 3 février 1623, prêtre, chapelain du marquis de Fimarcon;

3° Arnaud, né le 22 décembre 1624, mort sans postérité.

4° Jeanne, née le 11 décembre 1628, mariée le 17 janvier 1653 à Jean de Cousso;

5° Jeanne, née le 17 décembre 1630, morte sans alliance;

6° Marie, née le 6 juillet 1632, morte sans alliance;

7° Jacques, né le 28 avril 1635, prêtre;

8° Anne, née le 11 août 1637, morte sans alliance;

9° Guillaume, né le 8 septembre 1638, qui suit;

10° Jean, né le 8 avril 1643, mort sans alliance;

11° Mathieu, né le 10 juillet 1646, prêtre,
    curé de Tarabel, au diocèse de Toulouse,
    mort à Tarabel, le 17 janvier 1717.

Jean de Lacabe, après une vie fort tranquille,
mourut en 1660.

Anciennement, le nom s'écrivait *Lacaba*,
Lacabe, ou *Lacave* et *Lacaïe;* à partir du milieu
du xviie siècle il ne s'écrit plus que *Lacave*.

Jean-Jacques de Lacave, prêtre et chapelain du
marquis de Fimarcon, joua un rôle important
pendant les troubles de la Fronde; il put, grâce
à sa fonction auprès de M. de Fimarcon, rendre
de grands services aux habitants de Montesquiou.

VIII. — Guillaume de Lacave épousa, par
contrat du 14 janvier 1677, Jeanne de Laffargue,
d'une ancienne famille de la ville de Barran. Ils
eurent pour enfants :
    1° Pierre, né le 14 février 1678, qui suit;
    2° Anne, née le 22 mai 1680, morte sans
       alliance.
Guillaume de Lacave fut mêlé à toutes les
affaires de sa ville natale; il remplit à plusieurs
reprises les fonctions de premier consul et gagna
la confiance de ses concitoyens.

L'archevêque d'Auch voulait réduire la circonscription paroissiale de Montesquiou, ce qui
diminuait considérablement l'importance du lieu.
Guillaume de Lacave sut défendre nos intérèts et

finit par avoir gain de cause. Il obtint aussi de l'autorité ecclésiastique l'obligation de résidence pour les curés de Montesquiou qui, ne considérant leur cure que comme un bénéfice à revenus, faisaient administrer la paroisse par des vicaires plus ou moins capables.

Guillaume mourut en 1702.

IX. — Pierre de LACAVE, sieur de Haraut, épousa, par contrat du 21 juin 1706, Louise de Bordes du Haget, qui mourut le 4 décembre 1717.

Ils eurent pour enfants :

> 1° Jeanne-Jacquette, née le 22 avril 1707, mariée le 10 juin 1740 à Martin de Batz, morte le 20 mars 1746;
>
> 2° Jean, né le 15 décembre 1708, qui suit;
>
> 3° Berthoumine, née le 7 août 1712, morte le 29 juillet 1713;
>
> 4° Jean-François, né le 23 mai 1714, prêtre, curé d'Aux;
>
> 5° Pierre, né le 20 juillet 1716, mort sans postérité.

Pierre de Lacave, sieur du Haraut, fut avocat en Parlement et procureur juridictionnel de la baronnie de Montesquiou. En 1701, il fit inscrire au bureau d'Auch ses armoiries, qui furent insérées dans l'*Armorial de France*, de d'Hozier. En 1711, il assista avec son beau-père Jean de Bordes, sieur du Haget, à la réunion des jurats de Montesquiou qui firent vœu, à la suite d'un orage qui avait ravagé la paroisse, d'aller tous les sept ans en procession au sanctuaire de N.-D. de Biran.

Il mourut le 21 mars 1725.

Jean-François de Lacave, après avoir pris le grade de docteur en théologie, fut ordonné prêtre et fut pourvu, en 1734, de la cure d'Aux par résignation de son oncle, Barthélemy de Bordes du Haget, curé d'Aux. Il gouverna cette paroisse jusqu'en 1774, époque à laquelle se sentant vieillir il résigna sa cure en faveur d'un de ses neveux. Il se retira dans sa famille, où il vécut tranquille jusqu'à l'époque de la Révolution. Ayant refusé le serment à la constitution civile du clergé, il dut se cacher. Mais en janvier 1794, ayant été dénoncé au district de Mirande, il fut incarcéré dans les prisons d'Auch, où, accablé par l'âge et les infirmités, il mourut confesseur de la foi en juillet 1794.

En 1769, il avait acquis le bien noble de La Plagne, dont il fit donation, en 1786, à un de ses neveux. Il avait hérité, de son cousin Jean de Bordes, des domaines du Haget et de Crémail.

X. — Jean de Lacave, sieur du Haraut, se fit recevoir avocat en Parlement.

Par contrat du 24 septembre 1734, il épousa Jeanne Cousso, d'une bonne et ancienne famille de Montesquiou.

Ils eurent pour enfants :

1° Pierre, né le 15 novembre 1734, prêtre, curé d'Aux;

2° François, né le 27 mars 1736, mort le 6 juillet 1739;

3° Gérard, né le 31 mars 1738, célibataire, mort le 18 mars 1809;

4° Marie, née le 18 mars 1741, morte le 13 octobre 1742;

5° Pierre-Jean, né le 5 mars 1742, mort le 11 octobre 1742;

6° Barthélemy, né le 7 octobre 1743, qui suit;

7° Jean-François, né le 9 avril 1745, massacré à Saint-Domingue le 5 juin 1794;

8° Louis, né le 29 mai 1748, mort le 24 mai 1761 :

9° Joseph, né le 23 mai 1750, prêtre, curé de Tournefeuille, au diocèse de Toulouse, où il mourut en 1817;

10° Henri, né le 20 novembre 1755, mort le 11 décembre 1768;

11° Fidèle-Timothée, né le 27 janvier 1759, massacré à Saint-Domingue le 5 juin 1794.

Jean de Lacave, sieur du Haraut, était un homme remarquable par sa haute taille et sa beauté physique; mais il paraît que son caractère n'était pas aussi parfait que son corps. Esprit brouillon, disputeur et trouvant partout des difficultés, il se fâcha avec ses cousins les messieurs du Haget, et pendant quelques années il vécut solitairement à Pouylebon, sur son domaine du Haraut.

Jean avait le caractère galant et entreprenant; il voyait beaucoup la famille Cousso, avec laquelle il y avait un lien de parenté. Il courtisa la très jolie Jeanne Cousso et gagna si bien ses faveurs que le mariage devint indispensable. Il fut célébré au mois de septembre 1734, et le premier enfant naquit au mois de novembre 1734. Il est très rare de trouver un exemple de gestation si courte chez une femme. Ce cas n'a pas été signalé dans les feuilles médicales.

Malgré son caractère entier et emporté, Jean fut un excellent mari, les deux époux s'aimèrent tendrement et eurent onze enfants. Lorsque sa fidèle compagne mourut, la douleur de Jean fut immense, son caractère se modifia, le souvenir constant de son épouse calma ses emportements, et de violent il devint doux.

En 1765, il vendit sa maison de la ville, et ayant acheté un terrain au Barry, il y fit élever une belle et grande maison avec terrasse au midi. En 1772, profitant du passage de peintres italiens, il fit couvrir de fresques les murs de la grande salle. Cette maison est actuellement le couvent des Filles de Marie-Immaculée, et les peintures de 1772 ont été respectées.

Jean mourut dans sa maison du Barry, le 4 décembre 1787.

Comme je l'ai dit plus haut, Jean avait été en

désaccord avec son cousin Jean de Bordes du
Haget, ancien capitaine au régiment Royal-Polo-
gne-Cavalerie. Le désaccord venait de la réclama-
tion faite par Jean d'une somme de 1.800 livres
reconnue sur des terres dites à la Croix-du-Haget;
cette somme était une partie de la dot de sa mère
Louise de Bordes du Haget. Ces pièces de terre
faisaient partie du domaine du Haget, et Jean de
Bordes tenait à les conserver; mais son cousin
insistait vivement, voulant avoir les 1.800 livres
ou la terre.

Jean de Bordes fut contraint de céder, mais il
en éprouva un vif mécontentement; aussi dit-il à
son cousin que cette terre lui coûterait plus
qu'elle ne valait. En effet, Jean de Bordes déshé-
rita Jean et laissa ses biens au frère de Jean,
l'abbé Jean-François, curé d'Aux.

Jean-Baptiste de Bordes, frère cadet du sieur
du Haget, et comme lui ancien officier de cavalerie au Royal-Pologne, ne fut pas aussi rancunier
que son frère aîné et laissa à Jean Lacave son
domaine de l'Hereté, qui est devenu plus tard la
métairie de Laubadère ou Maisonneuve.

Pierre, fils aîné de Jean Lacave, embrassa l'état
ecclésiastique, devint prêtre et docteur en théologie. En 1774, il fut pourvu de la cure d'Aux
par résignation de son oncle Jean-François.
Pierre était haut de taille, assez fort et ami de la
bonne chère. Il avait de la science, beaucoup
d'esprit et aimait la plaisanterie.

Un jour, étant chez son frère pendant qu'on

coulait le vin, il tomba dans la cuve, et après s'être relevé il dit aux domestiques : *D'aules cops que boulaon la lino dins la caouo; aouey quan boulat la caouo dins la lino.*

La cure d'Aux était un bénéfice important donnant un revenu de 7.000 livres. Pierre en profita pour acquérir une maison tenant à l'église et en fit le presbytère. Il établit une communication entre le sanctuaire et la maison.

Un jour qu'il avait invité plusieurs de ses confrères à une fête religieuse, étant occupé à chanter la grand'messe, il aperçut de l'autel le rôti qui ne tournait plus. S'interrompant il cria : *Calinou ! he bira lou can.* — Le chien qui était dans le tour du tourne-broche s'était arrêté.

Au moment de la Révolution, Pierre refusa de prêter le serment civil et dut quitter sa paroisse malgré les instances des paroissiens. Il se cacha à Montesquiou, dans sa famille, où il put assez tranquillement voir passer la tempête. Lors du rétablissement du culte il reprit possession de la cure d'Aux. Il prit auprès de lui un des fils de son frère Barthélemy pour lui faire commencer ses études de latinité. Ce neveu est devenu ministre des Finances sous le gouvernement du roi Louis-Philippe.

Le curé d'Aux était sujet à la goutte. Dans un de ses séjours à Montesquiou, il fut pris très violemment et mourut à Montesquiou, le 25 février 1812.

Gérard, troisième fils de Jean Lacave ne se maria pas. Il vécut dans la maison paternelle, s'occupant de la direction agricole et s'en occupant quelquefois beaucoup trop. Ainsi, en 1793, tandis que son frère Barthélemy était à l'armée des Pyrénées-Occidentales, Gérard fit abattre la charmière à haute futaie qui ornait le domaine de Laplagne : cette plantation se composait de quatre allées bordées par des charmes de dimension colossale. A son retour, son frère le tança vertement, mais le mal était irréparable.

Gérard était oncle à héritage. J'ai retrouvé la convention en vertu de laquelle son frère Barthélemy lui donnait la jouissance d'une chambre garnie, le dîner, le souper avec le café le dimanche, et une somme de 100 livres pour son vestiaire. Gérard mourut le 18 mars 1809.

Jean-François, sixième fils de Jean Lacave, prit le parti d'aller chercher fortune aux îles d'Amérique. Sous les auspices de la famille de Noé, qui possédait à Saint-Domingue une des plus belles plantations de l'île, Jean-François put occuper, dès son arrivée, une position lucrative. Après quelques années de séjour, aidé par son frère cadet Fidèle-Timothée, il put faire l'acquisition de la plantation des Chenets, à la montagne Mathieu, au-dessus de la ville de Port-au-Prince. Il y fit de très bonnes affaires et augmenta son domaine en terres et en esclaves. Mais lors de la révolte des noirs, s'étant réfugié près de Port-au-Prince, dans le fort Saint-Joseph, il y fut massacré, le 5 juin 1794, par les nègres de la légion Montalembert.

Joseph, huitième fils de Jean Lacave, embrassa l'état ecclésiastique. Docteur en théologie et prêtre, il fut d'abord vicaire de Pouylebon, chargé de la paroisse de Saint-Christaud.

C'était un homme superbe, beaux traits, haute taille, grande vigueur physique, d'un caractère emporté et aimant passionnément la chasse.

Au rétablissement du culte, il occupa provisoirement différents postes. Mais ayant eu maille à partir avec Mgr Jacoupy, évêque d'Agen, chargé de l'administration du diocèse d'Auch, il obtint son *exeat* du diocèse, et, grâce à la protection du beau-frère de Barthélemy, il obtint du cardinal de Clermont-Tonnerre, archevêque de Toulouse, la cure de Tournefeuille, gros village du faubourg de Toulouse. Il était fort lié avec le curé de la Dalbade; aussi, pour faire sa première visite au cardinal, il voulut l'avoir à titre d'introducteur. — Le cardinal, qui était un grand seigneur, l'accueillit gracieusement.

« Je suis heureux, monsieur, lui dit le cardinal, de vous recevoir dans mon diocèse; mon neveu, le général de Clermont-Tonnerre, m'a dit beaucoup de bien de vous. Je vous place à Tournefeuille, vous serez là près de Toulouse, où vous avez de nombreux amis, et vous pourrez aider vos confrères, car vous avez la réputation d'être orateur. On m'a dit, monsieur, que vous étiez grand chasseur ? »

A cette apostrophe, le pauvre abbé Joseph sentit le cœur lui manquer, mais, reprenant son aplomb, il avoua qu'il chassait quelquefois dans ses moments de liberté.

« Eh bien ! monsieur, vous m'enverrez de temps en temps du gibier, car je l'aime beaucoup. »

Le curé de Tournefeuille chassait, en effet, presque tous les jours, et j'ai vu la maison qu'il habitait, ayant derrière un jardin qui lui permettait de gagner la campagne sans être vu.

Il était très populaire, malgré son caractère violent; quand il aimait, il aimait bien.

Les anciens de Tournefeuille m'ont raconté que lorsqu'il était à l'autel, s'il entendait du bruit dans l'église, il ne faisait que tousser, et tout le monde se taisait.

Un jour, se promenant sur la route de Toulouse, il fut insulté par un jeune charretier; d'un seul coup de sa main il le jeta sur le sol. Le charretier insolent, voyant quelques paroissiens accourir au secours de leur curé, continua humblement son chemin, sans demander d'autre explication.

Joseph mourut à Tournefeuille, en 1817.

Fidèle-Timothée, dernier fils de Jean Lacave, passa sa jeunesse dans la maison paternelle et alla rejoindre son frère Jean-François à l'île de Saint-Domingue; il s'établit sur la plantation des

Chenets. Leur frère Barthélemy, dans une note manuscrite, écrit :

« J'ai deux frères aux îles faisant bien leurs affaires. »

Le 5 juin 1794, Fidèle-Timothée fut massacré, avec son frère Jean-François, dans le fort Saint-Joseph, près de la ville de Port-au-Prince, par les nègres de la légion Montalembert.

En 1825, mon père a touché la somme de 2.400 francs à titre d'indemnité de Saint-Domingue (la plantation des Chenets valait 200.000 livres).

XI. — Barthélemy LACAVE, sieur de La Plagne, avocat en Parlement, épousa par contrat du 21 février 1786, Jeanne-Marie Barris, morte le 3 septembre 1803.

Ils eurent pour enfants :

   1º Raymond-Jean-François-Marie, né le 21 décembre 1786, qui suit;

   2º Jean-Dominique, né le 21 mai 1789, décédé le 15 août 1804;

   3º Françoise-Marie-Albine, née le 3 novembre 1790, décédée le 5 novembre 1791;

   4º Perrette-Jenny-Marie-Pauline, née le 2 novembre 1792, décédée le 10 février 1793;

   5º Pierre-Jean-Joseph, né le 12 août 1795, décédé le 14 mai 1849.

Barthélemy Lacave fit ses études au collège d'Auch, dirigé par les RR. PP. Jésuites. A l'âge de vingt ans, d'après les conseils de son cousin du

Haget, il prit du service dans le régiment d'infanterie de Muralt; mais les ordonnances du maréchal de Ségur entravèrent son avancement, et en 1778 il quitta le service et revint dans sa famille. Il se livra alors à l'étude du droit et devint avocat en Parlement.

En 1786, il épousa Jeanne-Marie Barris, fille aînée de M. Jean Barris, jurisconsulte éminent, conseiller du Roi et juge royal de Barran.

En considération de ce mariage, son oncle Jean-François, ancien curé d'Aux, lui fit donation de la terre de La Plagne et de la métairie du Bernés, et c'est à partir de cette époque que Barthélemy prit le nom de Lacave de La Plagne, comme on le voit dans toutes les pièces qui portent sa signature.

Il s'occupa sérieusement et utilement à la surveillance de ses propriétés et réussit, en plantant de beaux vignobles à La Plagne et dans sa métairie du Barry, qu'il transporta plus tard à Monplaisir. Mais le tonnerre de la Révolution éclata; les jacobins s'emparèrent du pouvoir et terrifièrent tous les honnêtes gens. Comme ancien serviteur de la royauté, Barthélemy fut signalé à l'ardeur jacobine du district de Mirande. Pour se soustraire au danger, Barthélemy accepta le commandement du 3ᵉ bataillon du Gers. Ce bataillon était cantonné à Auch, et son commandant, profitant de ses connaissances militaires, l'exerçait et le formait à la discipline avec une persévérance et un succès qui furent remarqués par le représentant du peuple Cavaignac. Ce dernier félicita plusieurs fois le commandant du bataillon, et, encouragé par ces éloges, Barthélemy en profita pour recommander son beau-frère J.-P. Barris, ex-député au Corps législatif, qui après le 10 août avait été signalé et accusé d'aristocratie et de fanatisme.

Le représentant du peuple promit que le citoyen Barris ne serait pas inquiété, pourvu qu'il restât caché et ne fît pas parler de lui.

Le 3e bataillon du Gers fut envoyé à l'armée des Pyrénées-Occidentales, mais peu de mois après (janvier 1794), les événements de Vendée devenant plus graves, le bataillon fut rappelé et dirigé sur Bordeaux. Le commandant ne l'y suivit pas; la maladie lui fit quitter le commandement, et Barthélemy Lacave rentra dans sa famille, où il vécut ignoré, s'occupant de la direction de ses affaires personnelles.

Sous l'Empire, il fut maire de Montesquiou. Ce fut sous son administration que les anciens fossés de la ville furent comblés; on ne laissa subsister que les deux viviers du midi et de l'ouest.

Il perdit sa femme en 1803 et mourut dans sa maison du Barry, le 6 septembre 1814.

Le troisième fils de Barthélemy, Pierre-Jean-Joseph Lacave de La Plagne, dit Auguste, commença ses études de latinité au presbytère d'Aux, sous la direction de son oncle Pierre Lacave, curé de cette paroisse. Il alla ensuite à Auch suivre les cours de sciences. Il était petit de taille et replet, ce qui fit que ses condisciples lui donnèrent le sobriquet de *ballon*.

Après avoir terminé ses premières études, son oncle J.-P. Barris le fit venir auprès de lui à Paris, où le jeune La Plagne étudia les sciences.

En 1811, il fut admis à l'École polytechnique, se destinant à l'arme de l'artillerie. A cette époque, il y avait une grande consommation d'officiers, aussi le séjour à l'École était-il très abrégé. Le jeune La Plagne sortit de l'École à la fin de 1812, avec le grade de lieutenant d'artillerie. Il fut dirigé sur Brest et affecté à une compagnie de canonniers vétérans pour y faire ses classes.

A la fin du mois de mai 1813, il quitta Brest et prit le commandement d'un détachement d'artilleurs destiné à la Grande Armée. Il arriva à Dresde à la fin de juillet et fut placé au 4ᵉ régiment d'artillerie faisant partie du 6ᵉ corps commandé par le duc de Reggio. Dans la matinée de la seconde journée de la terrible bataille de Leipsick, la batterie du jeune La Plagne prit position sur un mamelon vis-à-vis de l'artillerie prussienne. Le capitaine passa près du jeune officier en le plaisantant sur sa petite taille et son obésité précoce. Puis, lorsque les premiers boulets sifflèrent, le vieux capitaine lui dit :

« Eh ! jeune homme, ça chauffe ! »

A quoi le jeune lieutenant répondit :

« Je ne vois pas que ça chauffe tant ! »

Cependant au bout de quelques heures le capitaine et le premier lieutenant étaient tués et presque tous les canonniers hors de combat. Le jeune officier reçut alors l'ordre de rejoindre le grand parc, ce qu'il fit vers midi. Ce fut son salut, car on sait que le grand parc prit la tête de la colonne de retraite et passa l'Elster sans difficulté.

Après le brillant combat de Hanau, le lieutenant La Plagne reçut l'ordre de placer sa batterie sur un mamelon planté de vignes, pour hâter par son feu la retraite de l'arrière-garde bavaroise. Il avait déployé sa carte sur le pommeau de sa selle lorsque son cheval, effrayé par un obus ennemi tombé près de lui, fit un brusque écart et désarçonna son cavalier; l'officier, dans sa chute, se blessa sur les échalas pointus des vignes et, pour continuer la retraite, il fut obligé de se faire attacher sur son cheval.

Après le passage du Rhin, il fut envoyé à Metz, où il resta bloqué par les troupes alliées jusqu'en 1815.

J'ai entendu dire à mon oncle que ce temps du blocus de Metz avait été pour lui un des moments les plus pénibles de sa vie; ils étaient séparés de la France, et ne recevaient aucune nouvelle des événements. L'ennemi leur faisait passer des journaux qui se plaisaient à dénaturer la vérité. Tantôt ils annonçaient la blessure de l'Empereur, puis sa captivité et même sa mort. Étant un jour chargé d'une reconnaissance à la tête d'un détachement d'artillerie, il entendit siffler un boulet et fut consterné en voyant tous ses artilleurs couchés sur le sol; il cherchait à s'expliquer l'effet surprenant d'un seul projectile, lorsqu'il vit tous ces soldats se relever sains et saufs. Ces canonniers étaient des conscrits qui avaient humblement salué le boulet en se prosternant sur le sol. Une autre fois, se promenant sur les remparts, il avisa un cavalier prussien en vedette, il pointa sur lui un des canons du rempart et tua le cheval; aussitôt le prussien prit sur son dos la selle et le harnachement et s'enfuit à toutes jambes.

En 1816 le lieutenant La Plagne rejoignit le 4ᵉ d'artillerie en garnison à Toulouse. Songeant que le temps de la gloire était fini, et conseillé par son oncle le président Barris, il donna sa démission et se livra à l'étude du droit.

Pendant qu'il suivait les cours de droit à la Faculté de Toulouse, en 1817, il fut compromis dans une échauffourée d'étudiants et interné à Montesquiou, où il ne passa que quelques mois.

Grâce à son oncle le président Barris, il fut nommé, le 27 janvier 1819, substitut du procureur du Roi, à Étampes.

Le 27 mars 1819 il épousa sa cousine germaine Caroline Tarrible.

Le 27 septembre 1820 il devint substitut du procureur du Roi, à Versailles.

Son caractère, ses goûts et ses dispositions naturelles ne le portaient pas vers la science des jurisconsultes, aussi son oncle le baron Barris le fit entrer, en 1821, à la Cour des Comptes comme conseiller référendaire. Le 9 juillet 1828, conseiller de première classe, et conseiller-maître le 4 novembre 1833. Il se fit dès lors remarquer par la rectitude de son jugement, ses connaissances en droit administratif et son intelligence remarquable pour toutes les questions de finance.

Après la révolution de juillet 1830 il fut nommé officier dans l'artillerie de la garde nationale de Paris, et rendit les plus grands services au parti de l'ordre pendant les nombreuses émeutes qui éclatèrent durant les premières années du règne de Louis-Philippe.

M. Lacave La Plagne fut élu député de l'arrondissement de Mirande, le 28 décembre 1834. A partir de cette époque il fut toujours réélu député avec augmentation de suffrages à chaque élection.

Il fut, de 1836 à 1848, membre du Conseil général du Gers pour le canton de Riscle.

De 1837 à 1839, ministre secrétaire d'État au département des finances, dans le cabinet présidé par le comte Molé.

De 1842 à 1847, ministre des Finances dans le cabinet présidé par M. Guizot. Quelques divergences au sujet de questions politiques l'obligèrent à se séparer de M. Guizot, et il offrit au Roi sa démission. M. La Plagne fut vivement regretté par ses collègues, particulièrement par le maréchal duc de Dalmatie.

Le Roi lui exprima ses regrets dans la lettre suivante :

« Palais des Tuileries, le 9 mai 1847.

« Au moment où je viens de signer l'ordonnance

« qui nomme votre successeur, je veux vous expri-
« mer le vif regret que j'en ressens et vous témoi-
« gner combien j'ai apprécié la manière honorable
« et fidèle dont vous avez géré le département des
« finances. C'est bien sincèrement que je vous en
« donne l'assurance, ainsi que celle de tous mes
« sentiments pour vous.

« Votre affectionné,

« LOUIS-PHILIPPE. »

M. Lacave La Plagne fut élu député à l'Assemblée constituante de 1849, mais il ne siégea pas,
étant mort le 14 mai 1849.

En 1839, le Roi avait confié à M. Lacave La
Plagne l'administration générale des biens de son
fils S. A. R. le duc d'Aumale, héritier de la
maison de Condé.

Lorsqu'en 1842 il entra dans la composition du
cabinet Guizot, il obtint du Roi d'être déchargé
de ces fonctions importantes, qui furent confiées
à son frère aîné, le président La Plagne Barris.

XII. — Raymond-Jean-François-Marie LACAVE
LA PLAGNE BARRIS, né à Montesquiou le 21 décembre 1786, pair de France, président à la Cour
de Cassation, grand officier de la Légion d'Honneur, mort à Montesquiou le 14 octobre 1857, a
épousé, le 21 décembre 1813, Angélique-Gabriel
Boyer, fille du baron A. Boyer, premier chirurgien
de l'Empereur Napoléon Ier, des rois Louis XVIII,
Charles X et Louis-Philippe, décédée le 13 avril
1863.

De ce mariage :

1° Pauline-Adélaïde, née le 5 octobre 1814, mariée en février 1835 à Émile Louchet, receveur général des finances;

2° Joséphine-Amélie, née le 28 juin 1816, mariée en octobre 1836 à Jean-Théodore Ladrix, vice-président du Tribunal d'Auch;

3° Jean-Paul, né le 24 décembre 1817, qui suivra;

4° Joseph-Eugène, né le 8 mars 1820, mort le 10 avril 1828;

5° François-Gabriel, né le 22 août 1822, marié en 1852 à Clotilde Jouaust, mort le 3 mars 1877;

6° Alexis-Cyprien, né le 4 février 1826, marié le 26 juin 1860 à Marie-Saubade-Léonie Roby;

7° Angélique-Marie, née le 12 septembre 1829, mariée en 1850 à Alfred Le Febvre, lieutenant de vaisseau; en décembre 1856, à Albert Le Febvre, chef de bataillon; en décembre 1877, à Olivier de Thouars, capitaine de frégate;

8° Marie-Joseph, né le 12 septembre 1829, mort le 20 juin 1831;

9° Jeanne-Laure, née le 21 décembre 1832, mariée en 1852 à son cousin germain Gustave Lacave La Plagne;

10° Charlotte-Philippine, née le 2 août 1835, mariée le 16 juillet 1855 à Jules Solon, vice-président du Tribunal d'Auch.

Raymond-Jean-François-Marie Lacave La Plagne Barris, avait reçu au baptême les noms de membres vénérés de la famille : Raymond, de son grand-oncle Dom Despaux, prieur de Sorèze ; Jean-François, de son grand-oncle l'ancien curé d'Aux, bienfaiteur de la famille ; Marie, parce que sa mère avait voulu le placer sous la protection de la Mère de Dieu. Dans l'intimité on lui donnait le nom de François. Il passa les années de son enfance sous la tutelle de sa mère, femme de grande piété et possédant des vertus éminentes. Il fut envoyé à Auch chez l'abbé Nèble, qui lui fit suivre les cours de latinité. Son oncle, M. Barris, avait été élu membre du Tribunal de cassation. Ce magistrat avait une tendre affection pour son neveu, aussi, au mois de janvier 1799, il fit venir le jeune François auprès de lui, à Paris, et se chargea de son éducation. Cette éducation fut sérieuse, complète, mais très sévère. Le jeune homme était astreint à un travail continuel ; il travaillait et couchait dans une chambre sans feu et ne portait que des vêtements usés de la garde-robe de son oncle. Le jeune François fit sa première communion après avoir reçu l'instruction catéchétique de son grand-oncle le bénédictin Dom Despaux, ancien prieur de Sorèze.

Dans le courant de 1799, il suivit à Trèves son oncle chargé d'organiser la Cour de Cassation des provinces rhénanes annexées au territoire français.

Revenu à Paris en novembre 1799, son oncle lui fit commencer l'étude des mathématiques, désirant le diriger vers le service de la Marine, mais le désastre de Trafalgar le fit changer de vue, et François commença ses études de droit. Il était à bonne école, aussi obtint-il rapidement son diplôme de licencié.

Le jeune François était arrivé à l'âge de vingt ans et par suite devait subir la loi militaire. Grâce à une somme de 300 livres remise au médecin Lantrac, chargé d'examiner les jeunes conscrits, il fut déclaré impropre au service militaire.

Après un concours brillant il fut nommé, le 19 mai 1808, auditeur à la Cour impériale de Paris. Dans ces fonctions de début, il montra par ses talents et sa science précoce en jurisprudence qu'il arriverait un jour aux plus hautes fonctions de la magistrature. Attaché au service du parquet et chargé d'affaires civiles et criminelles, il fut remarqué par le président Séguier, qui le fit nommer, en 1812, substitut du procureur général.

En 1813 on appelait sous les drapeaux les jeunes gens appartenant aux classes de 1806, 1807 et suivantes; un décret spécial exempta du service militaire le substitut Lacave La Plagne.

Le 21 décembre 1813, M. Lacave La Plagne épousa, à Paris, Mlle Angélique-Gabriel Boyer, fille du baron Boyer, premier chirurgien de l'Empereur.

Lors de la Restauration, en 1814 et 1815, sur la demande de ses collègues de la Cour, M. Lacave La Plagne fut maintenu dans les fonctions de substitut du procureur général près la Cour royale de Paris. Il sut s'attirer l'estime et l'affection de son nouveau chef, M. le procureur général Bellart. Aussi, en 1820, après l'assassinat du duc de Berry, M. Bellart, étant tombé malade, ne crut mieux faire que de confier l'instruction de cette affaire à son jeune substitut. Le réquisitoire parut si remarquable et si complet à M. Bellart, qu'il se permit de le mettre sous les yeux du roi Louis XVIII. Ce dernier en fut très satisfait et promit d'en récompenser l'auteur.

En effet, le 30 août 1820, il était nommé procureur général près la Cour royale de Metz; il n'avait pas encore trente-quatre ans. Lorsque le garde des Sceaux le présenta au Roi, Louis XVIII dit en souriant à son ministre : « Mais, mon cher « garde des Sceaux, vous me présentez un enfant « et non un procureur général », et souriant gracieusement il reçut le serment du jeune magistrat.

Son passage à la cour de Metz y a laissé des souvenirs impérissables. Sa vigilance, sa prudence, la droiture de son jugement et la fermeté de son caractère apportèrent et établirent dans cette circonscription judiciaire un ordre parfait et une régularité exacte dans tous les services judiciaires du ressort.

Le 30 août 1824, M. La Plagne Barris fut nommé aux fonctions d'avocat général à la Cour de Cassation. Ces fonctions furent pour lui l'occasion de montrer ses qualités éminentes de magistrat et sa science profonde de jurisconsulte.

Lors de la révolution de 1830, le révolutionnaire Dupont (de l'Eure) demanda sa révocation,
mais le célèbre avocat Dupin exigea son maintien.
M. La Plagne Barris occupa les fonctions de
premier avocat général.

En 1837 (3 octobre), le roi Louis-Philippe le
créa pair de France, et en 1844, le 29 janvier, il
fut nommé président de chambre à la Cour de
Cassation. Dans ces fonctions importantes, le président La Plagne Barris sut employer utilement
pour son ordre sa grande science, la sagesse de
son esprit, son jugement sûr et son grand esprit
de conciliation; aussi les membres de sa compagnie et l'ordre des avocats lui vouèrent-ils une
déférence respectueuse et une véritable vénération.
Tous ceux qui l'approchaient appréciaient à leur
juste valeur ses nobles qualités.

En 1842, le Roi, qui avait toute confiance en
lui, confia à M. le président La Plagne Barris
l'administration générale des biens du duc d'Aumale.

Le président La Plagne Barris mit un ordre
parfait dans ce service délicat, et le jeune prince,
reconnaissant les services rendus, mit toute sa
confiance dans ce magistrat intègre et prudent, il
en fit son conseiller et son ami.

M. La Plagne Barris était grand officier de la
Légion d'honneur.

Il mourut, entouré de sa nombreuse famille,
dans sa maison du Cap-du-Barry, à Montesquiou,
le 14 octobre 1857. Sa mort fut un deuil pour

tous ses collègues et ses concitoyens auxquels il avait octroyé de nombreux bienfaits.

Le duc d'Aumale écrivit à sa veuve la lettre suivante :

« Twickenham, 17 octobre 1857.

« Je reçois à l'instant, madame, la triste nou-
« velle du malheur qui vous frappe ; mon premier
« besoin est de vous dire combien je m'associe à
« votre douleur.

« Aux sentiments de haute estime que je pro-
« fesse, comme tout le monde, pour le caractère
« noble et le rare mérite de M. La Plagne Barris,
« s'unissaient chez moi une véritable affection et
« une profonde reconnaissance.

« En tous temps, en tous lieux, j'ai trouvé en
« lui un ami courageux et un conseiller dont les
« lumières étaient certaines ; il me manquera,
« malheureusement.

« Je ne voudrais pas, madame, vous retenir trop
« longtemps. Je sais que je n'ai pas de consolation
« à vous offrir, mais je tenais à vous exprimer, à
« vous et à toute la famille de M. La Plagne'
« Barris, toute ma gratitude pour les services que
« m'a rendus cet homme éminent, et à vous assu-
« rer que nul ne lui voue un respect plus sincère
« et de plus vifs regrets.

« Ma femme et tous les miens s'unissent à moi
« dans ces sentimens et veulent être nommés.

« J'espère n'avoir pas besoin de vous rappeler
« combien je suis votre dévoué serviteur.

« Le duc d'Aumale. »

Quelques jours après, le même prince écrivait au fils aîné du président.

« Twickenham, le 19 octobre 1857.

« Monsieur,

« En recevant la fatale nouvelle qui cause votre « douleur, j'avais immédiatement écrit à madame « votre mère, pour lui exprimer, ainsi qu'à toute « votre famille, les sentimens que j'éprouvais.

« Les détails que vous me donnez sur la fin si « noble et si chrétienne de votre vénéré et excel- « lent père renouvellent toute mon émotion.

« Je dis *vénéré*, car j'avais pour M. La Plagne « Barris une affection presque filiale ; je devais tant « à ses sages conseils que je ne saurais comment « exprimer ma gratitude et mon respect pour sa « mémoire.

« Recevez donc, monsieur, le nouveau témoi- « gnage de mes bien vives sympathies, et croyez « que je saisirai avec empressement toutes les « occasions de vous prouver avec quels sentimens « je demeure votre affectionné,

« Le duc d'Aumale. »

La présidente La Plagne Barris recevait en même temps la lettre suivante de la Reine.

« Claremont, 17 octobre 1857.

« Ma chère madame La Plagne Barris,

« Je viens d'apprendre la perte douloureuse que « vous venez de faire ou plutôt que nous venons « de faire, car je regrette de tout mon cœur votre « digne mari dont les lumières et les conseils

« avaient été si utiles à ma famille, et que, dans
« des temps plus heureux, j'avais appris à connaî-
« tre particulièrement et à apprécier comme il
« méritait de l'être.

« Puissiez-vous trouver dans la piété et la ten-
« dresse de vos enfants les consolations qui vous
« sont nécessaires et que Dieu seul peut vous ren-
« dre, et croyez à tous les sentiments pour vous
« de votre bien affectionnée,

« La reine AMÉLIE. »

Le roi Louis-Philippe avait la plus grande confiance dans les lumières, la science et la sagesse
du président La Plagne Barris, aussi l'appelait-il
fréquemment auprès de lui pour l'entretenir de
ses affaires et particulièrement de celles de son fils
le duc d'Aumale.

Dans le courant de l'année 1844, le président
La Plagne Barris se trouvait dans le cabinet du
Roi, au palais des Tuileries, et lui exposait une
affaire importante relative aux forêts de Château-
briant, appartenant au duc d'Aumale. Le Roi le
pria de vouloir bien lui exposer l'affaire par écrit
parce que, dans ce moment, il avait l'esprit préoc-
cupé, et il demanda au président de passer dans
une pièce voisine, où il pourrait rédiger par écrit
un mémoire succinct sur l'affaire ; il lui recom-
manda de revenir dès qu'il aurait fini, sans préve-
nir les huissiers de service.

Quand M. La Plagne Barris entra dans le cabinet, quelle fut sa stupeur en voyant le Roi assis
près de son bureau, les traits de son visage

contractés par la colère et l'indignation, ayant à
ses pieds Thiers, à genoux, les yeux pleins de larmes. Thiers se redressa vivement et sortit de la
pièce sans mot dire. Le Roi se levant de son siège
dit en montrant la porte : « Cet homme est un
« misérable ! »

M. La Plagne Barris comprit facilement cette
scène étrange. Comme pair de France, lorsque la
Chambre des pairs avait été constituée en Cour
de justice pour juger les ridicules et coupables
échauffourées de Louis-Napoléon Bonaparte, il
avait été chargé du rapport de l'affaire et avait
tenu entre ses mains tous les fils de cette conspi-
ration, dans laquelle Thiers avait traîtreusement
trempé. Il ne divulgua pas cette aventure du
cabinet du Roi; mais, quelques années après,
en 1851, mon père m'a raconté le fait comme je
le rapporte ici.

A une heure avancée de la soirée du 23 février
1848, le président La Plagne Barris avait été
appelé auprès du Roi. Le prince était fort abattu
et paraissait presque insensible aux nouvelles que
lui apportaient ses aides de camp, relativement
aux événements de la capitale. Le maréchal
Bugeaud, duc d'Isly, entra brusquement dans le
cabinet, et, s'approchant du Roi, lui demanda un
ordre écrit de sa main de mettre les troupes en
marche pour vaincre l'émeute. Le prince hésita
un instant, puis il dit à voix basse : « Je ne veux
« pas de lutte, je ne veux pas ensanglanter les
« rues de ma capitale. » Le maréchal insista,

supplia et fut aidé par les instances pressantes de
M. La Plagne Barris. Rien ne put vaincre la
volonté du Roi.

En sortant du cabinet, le maréchal dit au président : « Demain la révolution sera maîtresse dans
« Paris. »

Dans le testament du roi Louis-Philippe on lit
ce paragraphe :

« Je nomme exécuteurs testamentaires de mes
« dernières volontés MM. Dupin, le baron La
« Plagne Barris, le comte de Montalivet, le duc de
« Montmorency et M. Scribe, auxquels je suis
« heureux de donner ce témoignage de ma
« confiance et de mes sentiments pour eux.

« Claremont, 1er juillet 1850. »

Ces témoignages de haute estime et d'affection
suffisent pour honorer la vie d'un homme.

La fille aînée du président La Plagne Barris,
Pauline-Adélaïde, montra dès son enfance des
qualités qui ont fait d'elle une femme accomplie.

Son grand-oncle, le baron Barris, disait à son
neveu : « Il est fâcheux que Pauline ta fille ne soit
« pas un garçon, elle aurait fait un homme
« remarquable ».

Elle épousa, en 1835, Émile Louchet, receveur
général des finances. Elle fut le modèle des
épouses, des mères et des maîtresses de maison.
Par son esprit, son affabilité et sa conversation,
elle charmait tous ceux qui l'approchaient. Elle
éleva ses enfants avec une sagesse, une prudence

et une fermeté qui ne se démentirent jamais. Étant devenue veuve en 1874, elle fit de son beau château de Pitron le lieu de réunion de toute sa famille, chacun était heureux de prendre part à ses conversations spirituelles et charmantes.

Elle eut de son mariage :

1° Edmond, né le 11 novembre 1835, colonel d'artillerie, marié à Geneviève Famin, sans postérité ;

2° Saint-Ange, mort en bas âge ;

3° Auguste, né en 1841, magistrat, puis célèbre avocat, après qu'il eut donné sa démission à l'occasion de la suppression des ordres religieux, mort le 17 mars 1905, marié à Marie Terme, dont :

a/ Paul, officier de dragons, marié à Alice Couprie, dont Marguerite-Marie et Jacques ;

b/ Charlotte, mariée à René Solon, dont Vincenette, François-Régis, Nicole et Edmond ;

c/ Jean ;

d/ François, officier d'infanterie ;

e/ Geneviève ;

f/ Augustin.

4° Isabelle, née le 7 août 1843, mariée le 30 août 1864 au baron Léon Duchaussoy, conseiller-maître à la Cour des comptes, mort le 26 juillet 1902, dont :

a/ Joseph, officier d'infanterie, marié à Gabrielle Lambert, dont trois filles et Armand ;

b/ Françoise, mariée au comte Paul Durrieu, dont Gabrielle et Jean ;

    c/ Pierre, marié à Madeleine Anfry, dont une fille et Armand;

    d/ Louis, marié à Suzanne Houël, dont un fils Jacques.

Sa seconde fille Amélie-Joséphine, née en 1816, mariée en octobre 1836 à Jean-Théodore Ladrix, vice-président du tribunal civil d'Auch, décédée le 11 janvier 1888. Son mari est mort le 18 juillet 1881.

De ce mariage :

1° Gabrielle, née en 1837, mariée en 1859 à Léon Solon, morte le 3 mai 1880; son mari est mort le 7 août 1891.

De ce mariage :

    a/ René, né le 1er novembre 1860, marié à Charlotte Louchet en mai 1897, dont Vincenette, François-Régis, Nicole et Edmond;

    b/ Amélie, née en 1865, mariée en décembre 1887 à Pierre, vicomte de Roquemaurel, dont deux filles;

2° Sophie, née en 1842, morte en janvier 1859;

3° Pauline, née le 4 octobre 1848, morte le 23 février 1900.

Le fils aîné Jean-Paul qui suivra.

Le troisième fils Gabriel-François, chevalier de la Légion d'honneur, marié en 1852 à Clotilde Jouaust, décédée le 9 octobre 1887. Gabriel décéda le 3 mars 1877.

De ce mariage :

    a/ François, officier d'infanterie, né le 8 juin

1853, mort le 26 avril 1903, marié en janvier 1882 à Marguerite Lebahezre de
Créamblay, dont François et Gabriel;

b/ Barthélemy, né en février 1859, officier
d'infanterie, mort le 1er août 1901.

Le quatrième fils Alexis-Cyprien, né le 4 février
1826, élève de l'École navale en 1841, lieutenant
de vaisseau, chevalier de la Légion d'honneur,
démissionnaire le 30 mars 1859, marié le 26 juin
1860 à Marie-Saubade-Léonie Roby, décédée le
17 août 1906, dont :

1° Ignace, né le 4 juin 1862, prêtre, docteur
en théologie et droit canon, mort le 8 juillet 1885 ;

2° Marie-Catherine, née le 12 septembre 1863,
mariée le 16 septembre 1884 à Charles Hutin,
dont :

a/ Gabrielle, née le 28 mars 1887;

b/ Jean, né le 31 décembre 1889 ;

3° Pauline, née le 18 mars 1865, mariée le
12 août 1890 à Odon Phiquepal d'Arusmont,
dont :

a/ Louis, mort en bas âge (1891);

b/ Marie, née le 11 juin 1893;

c/ Pierre, né le 30 juillet 1897;

d/ Louis, né le 19 mars 1899;

4° Jean, né le 29 mai 1866, marié le 12 janvier
1899 à Marguerite Pouyanne, dont :

a/ Isabelle, née le 31 janvier 1901 ;

b/ Arnaud, né le 14 janvier 1903;

5° Sophie, née le 15 août 1867, mariée le

18 février 1892 à Henri Depied, médecin
major de la marine, dont :

a/ Henriette, née le 30 novembre 1892 ;

b/ Raymond, né le 3 janvier 1894 ;

6° Thérèse, née le 18 février 1869, mariée le
28 mars 1895 à Georges Praviel ;

7° Pierre, né le 3 mars 1870, prêtre, curé de
Sainte-Livrade, au diocèse de Toulouse ;

8° François, né le 5 octobre 1871 ;

9° Charlotte, née le 21 mai 1873, mariée le
17 juillet 1902 au baron Marcel d'Allemagne,
dont :

a/ Renaud, né le 12 mai 1903 ;

b/ Jean, né le 29 juin 1906 ;

10° Gabrielle, née le 26 août 1874, morte le
20 mars 1878.

La troisième fille Marie, née le 12 septembre
1829, mariée en 1850 à Alfred Le Febvre, lieutenant de vaisseau, tué en septembre 1854 à l'attaque de Pétropaulowski (Kamtchatka russe) ;
mariée en secondes noces, en décembre 1856, à
Albert Le Febvre, commandant d'infanterie, tué
au combat de Mey, sous Metz, le 14 août 1870 ;
mariée en troisièmes noces à Olivier de Thouars,
capitaine de frégate, mort le 16 septembre 1906.

Elle eut de son premier mariage Jeanne, née en
juin 1852, mariée en septembre 1872 au comte
Georges Faulte de Vanteaux, général de brigade.

La quatrième fille Laure, mariée en 1854 à
son cousin germain Gustave Lacave La Plagne,
dont :

a/ Un enfant, mort en bas âge;

b/ Jean, né le 5 juin 1857.

La cinquième fille Philippine, née en août 1835, mariée le 16 juillet 1855 à Jules Solon, vice-président du tribunal d'Auch, mort le 17 novembre 1889, dont :

1° Julie, née en 1856, religieuse de la Visitation Sainte-Marie, au monastère de Bordeaux, morte le 17 septembre 1891 ;

2° Claudie, née le 23 juillet 1858 ;

3° Valentine, née le 1er juillet 1860, mariée le 3 mai 1881 à Augustin d'Anglade, dont :

    a/ Bertrand, né en 1882, mort le 10 février 1895 ;

    b/ Françoise, née le 3 avril 1883, mariée le 23 janvier 1906 à Philippe Delage de Luget, officier de cavalerie ;

    c/ Joseph, né en 1885.

XIII. — Jean-Paul LACAVE LA PLAGNE BARRIS, conseiller à la Cour de Paris, marié en mars 1851 à Camille-Séraphine Zangiacomi, dont :

1° Séraphine, née en 1852, morte au mois d'août 1854;

2° Joseph-Barthélemy, né le 18 juin 1855, qui suit;

3° Un enfant mort-né le 18 juin 1855;

4° Marie, née en 1856, morte en bas âge;

5° Cyprien, né en février 1859, mort en juin 1868 ;

6° Gabrielle, née le 7 août 1860, mariée en

1881 au comte René de Gaudemaris, dont :

a/ Paul, né en 1882 ;

b/ Louis, mort en bas âge ;

c/ Marguerite, née en 1886 ;

d/ André, né en 1895 ;

e/ Jeanne, née en 1899.

Jean-Paul Lacave La Plagne Barris fut reçu avocat et entra dans la magistrature ; il fut successivement substitut du procureur du Roi à Vitry-le-François, Auxerre et Reims.

Révoqué par le gouvernement révolutionnaire en mars 1848, il fut nommé en 1851 procureur à Vendôme, puis procureur impérial à Chartres, substitut du procureur à Paris, substitut du procureur général et enfin conseiller à la Cour de Paris, chevalier de la Légion d'honneur.

C'était un magistrat savant, d'un jugement très sûr et auquel on confiait les affaires les plus délicates. Il était artiste et profondément versé dans les études historiques et archéologiques. Excellent chef de famille, dévoué aux siens et de très bon conseil.

Il agrandit et embellit le château de La Plagne, où il réunit une riche et nombreuse bibliothèque, des manuscrits précieux, des tableaux et des objets d'art. En 1856, il fit construire la chapelle dont la partie basse sert de lieu de sépulture de famille.

Il est mort à La Plagne, le 8 novembre 1888.

XIV. — Joseph-Barthélemy LACAVE LA PLAGNE

Barris a épousé en premières noces, en 1880, Clémence Hutin, dont :

1° Paul, qui suit ;

2° Marie, née le 16 avril 1883, mariée en décembre 1903 à Octave Join-Lambert, dont :

a/ François, né en décembre 1904 ;

b/ Marguerite, née en février 1906.

Il a épousé en secondes noces (1889) Thérèse Armand, décédée en 1890, dont :

Ghislaine, née le 14 août 1890.

Il a épousé en troisièmes noces, le 30 juin 1892, Germaine de Meynard, dont :

Anne, née le 3 juillet 1893.

XV. — Paul Lacave La Plagne Barris, né le 25 octobre 1881, élève de l'École spéciale militaire en 1901, officier d'infanterie coloniale.

BRANCHE CADETTE.

XII. — Pierre-Jean-Joseph Lacave La Plagne, né le 12 août 1795, officier d'artillerie, magistrat, conseiller à la Cour des Comptes, député, ministre des Finances, marié le 27 février 1819 à sa cousine germaine Caroline Tarrible, mort le 14 mai 1849.

De ce mariage :

1° Raymond, né en 1820, mort en 1842 ;

2° Gustave, né en 1827, inspecteur des finances, mort en 1869, a épousé sa cousine germaine

Laure Lacave La Plagne Barris, en 1854, dont :

a/ Un enfant, mort en bas âge;

b/ Jean-Baptiste, né le 5 juin 1857;

3° Gabrielle, née en 1829, mariée en 1847 à Henri Durrieu, receveur général des finances, dont :

a/ Antoine, né en 1849, mort en 1861;

b/ Paul, élève de l'École des Chartes, paléographe, historiographe, conservateur des Musées, qui a épousé sa petite-cousine Françoise Duchaussoy, dont :

Henri, mort en bas âge;

Gabrielle;

Jean;

c/ Marie, née en 1862, célibataire.

4° Louis, né en 1835, auditeur au Conseil d'État, député, sénateur, mort le 25 février 1902, a épousé en décembre 1871 Joséphine Cuvru de Suremont, décédée en 1900, sans enfant.

FAMILLES DE BORDES DU HAGET ET BARRIS

E donne quelques renseignements sur les familles de Bordes du Haget et Barris, qui se sont fondues dans la nôtre et dont nous sommes les seuls représentants.

FAMILLE DE BORDES DU HAGET.

I. — Jean de BORDES, sieur du Haget, vivait vers 1530.

Il eut pour enfants :

    1° Jean, qui suit;

    2° Jeanne, mariée à noble Gaspard de Léglise. Elle testa en 1580.

II. — Jean de BORDES, sieur du Haget, servit dans les guerres de religion. Il était écuyer de Jean-Jacques de Montesquiou, seigneur de Pompignan, baron de Montesquiou, lequel, dans son testament du mois de décembre 1569, lui fit plusieurs legs et lui marqua sa reconnaissance pour ses bons et loyaux services. Il épousa Anne de Peyragude, dont :

    1° Jean Antoine, qui suit;

2° Hector, qui servit dans les gendarmes du Roi, mort sans alliance;

3° Suzanne, mariée à noble Pol de Mimalé. Elle mourut le 19 mars 1644, d'une attaque d'apoplexie.

III. — Jean-Antoine de Bordes, sieur du Haget, servit pendant les guerres du commencement du xviie siècle.

Il épousa Andrée de Béon, fille de Jean de Béon, sieur de Bières, et de Louise de Montesquiou, fille naturelle de Jean II, baron de Montesquiou, dont il eut :

1° Guillaume, qui suit;

2° Suzanne, mariée le 26 août 1618 à Jean de Forgues, sieur de Peyragude;

3° Antoine, qui a épousé en juin 1629 Guillemette de Rèze, de Vidaillan, près Saint-Médard;

4° Marthe, mariée en août 1624 à Agnet de Forgues;

5° Jean de Bordes, sieur de Monserié, qui a épousé Anne de Bertrandy, de la ville de Barran.

IV. — Guillaume de Bordes, sieur du Haget, servit pendant les guerres du Languedoc, sous le règne de Louis XIII, et épousa en juin 1633 Catherine de Saubole, de la ville de Mirande, dont :

1° Jean-Bernard, qui suit;

2° Jeanne, née le 4 janvier 1633, morte sans
alliance ;

3° Suzanne, née en 1636, mariée le 27 février
1677 à Dominique Liesta, sieur de Sarron,
capitaine au régiment de Modène-infanterie.
Elle mourut le 13 septembre 1694.

V. — Jean-Bernard de Bordes, sieur du Haget,
servit comme capitaine de cavalerie pendant les
guerres du règne de Louis XIV.

Il testa le 17 juillet 1686 et mourut en 1690.

Il avait épousé Marie de Gascor, fille de Paul de
Gascor et de Françoise de Tarride. Elle testa le
14 février 1684 et mourut le 21 février 1694. De
ce mariage :

1° Suzanne, née le 7 novembre 1672, mariée
en janvier 1702 à Jean-Baptiste Lambert,
de Barran ;

2° Jean, né le 7 novembre 1674, qui suit ;

3° Barthélemy, né en 1675, prêtre, curé d'Aux.
En 1744 il résigna ce bénéfice en faveur de
son neveu Jean-François de Lacave, docteur
en théologie ;

4° Louise, née en 1677, qui a épousé le
21 juin 1706 Pierre de Lacave, sieur du
Haraut ;

5° Simon-Jude, né en 1679, mort sans
alliance.

VI. — Jean de Bordes, sieur du Haget. Il testa
le 21 octobre 1751, et mourut la même année.

Il avait épousé le 3 septembre 1698 Françoise
de Crotte de Perron, fille de noble Jean de Crotte
de Perron et de Jeanne de Hyton, du lieu de Madi-
ran. Françoise de Crotte mourut le 9 avril 1733.
De ce mariage :

    1° Barthélemy, né le 20 avril 1699, mort
        jeune sans alliance;

    2° Jean, né le 24 novembre 1700, qui suit;

    3° Jean-Baptiste, né le 1er janvier 1702, qui
        sera rappelé;

    4° Simon-Pierre-Charles, né le 28 octobre
        1703, mort sans alliance.

VII. — Jean de BORDES, sieur du Haget et de
Labarthe, prit du service dans le régiment de
Monteil-cavalerie, devenu plus tard Royal-Pologne.
Il passa par les grades de sous-officier, de cornette,
lieutenant et de capitaine aide-major; il fit les
campagnes de 1733, 1743, 1745 et 1746; il était à
la bataille de Raucoux. Chevalier de Saint-Louis,
il quitta le service en 1751 et se retira à Montesquiou, où il mourut en janvier 1767.

Il institua son héritier Jean-François de Lacave,
curé d'Aux.

Son frère cadet, Jean-Baptiste de Bordes, sieur
de Marrast, suivit comme son frère aîné la carrière
des armes et servit au régiment de Royal-Pologne-
cavalerie; il passa par tous les grades, fit les
campagnes de 1733, 1743, 1745, 1746 et quitta le
service en 1756, avec la croix de chevalier de
Saint-Louis.

Il mourut à Montesquiou, en mai 1767, instituant son héritier Jean-François de Lacave, curé d'Aux.

Armoiries de la famille de Bordes du Haget : *d'argent au lion de gueules couronné, armé et lampassé d'or.*

FAMILLE BARRIS.

Le nom de cette famille, jusqu'au xviie siècle, s'écrivait indifféremment Barry, de Barry, du Barry, Dubarry. Ce fut à partir de 1650 que le nom de Barris prévalut.

Les premiers membres de cette famille que nous trouvons dans les documents civils sont :

I. — Pierre de BARRIS, consul de Montesquiou, et Vital de BARRIS, prêtre, qui sont témoins, dans l'église de Montesquiou, à la lecture des coutumes du lieu consenties par Genses Ier, baron de Montesquiou.

II. — Pierre de BARRIS, vivant en 1330.

III. — Pierre de BARRIS, vivant en 1560, a pour enfants :

    1° Jean, qui suit ;
    2° Jean, auteur de la branche Dubarry ;
    3° Arnaud, marié à Jeanne de Bosc, dont un
       fils Pierre.

IV. — Jean BARRIS, vers 1580, qui eut :
  1º Raymond, qui suit ;
  2º Jean, prêtre, curé de Montesquiou ;
  3º Pierre dit Pégot ;
  4º Pierre qui épousa Antonie de Lamarque
     et qui eut pour enfants :
     a/ Jean, prêtre, curé de Meymes ;
     b/ Guillaume ;
     c/ Jean, prêtre, curé deus Litges ;
     d/ Arnaud ;
     e/ Jean, prêtre, de l'ordre des Carmes au
        grand couvent de Sarragosse (Espa-
        gne).

V. — Raymond de BARRIS, marié à Jeanne de
Lamarque ; dont :
  1º Guiraude, mariée à Jean de Cassaigne ;
  2º Rachel, mariée à Jean de Marie ;
  3º Antonie, morte sans alliance ;
  4º Jeanne, morte sans alliance ;
  5º Amade, mort en bas âge ;
  6º Guillaume, prêtre, curé de Montesquiou ;
  7º Jean, qui suit ;
  8º Jean, dit Joan Bet (Jean le beau) ;
  9º Barthélemy, marié à Miramonde de Sartre,
     dame de La Mine ;
  10º Jean Gérard, dit Géraud, prêtre, curé de
     Meymes, par résignation de son oncle.
Raymond de Barris testa le 4 juillet 1614.

VI. — Jean BARRIS épousa, le 21 août 1624,

Frise d'Arquié, et mourut le 20 janvier 1645. Il
eut pour enfants :

1° Jeanne, née le 16 juin 1625, sans alliance;

2° Jacques, né le 28 mars 1629, qui suit;

3° Jeanne, née le 4 janvier 1632, sans alliance.

VII. — Jacques BARRIS épousa, le 20 juillet
1655, Suzanne de Naba, il mourut le 12 janvier
1703. Il eut :

1° Bernard, né le 11 février 1660, prêtre, curé
de Peyrusse-Vieille;

2° Antoine, né le 22 août 1663, marié à Marguerite-Marie Carrère, dont :

a/ Guillaume;

b/ Jean;

c/ Marie;

d/ Blaise;

e/ Antoine;

f/ Denis.

3° Mathive, née le 5 juillet 1667, mariée, le
30 juin 1699, à Mathieu Noguès, sieur de
Laplagnolle;

4° Benoît, né le 19 octobre 1670, mort sans
alliance;

5° Jean, né le 13 octobre 1673, épousa Françoise de Courrèges, dont une fille : Jeanne-
Marie, mariée, le 27 mai 1737, à Jacques de
Laroche-Fousseries, officier au régiment de
la couronne. Jean, devenu veuf, se remaria
à Marie Falagous, de Mirande;

6° Alexis, né le 5 janvier 1679, qui suit;

7° Jean, né le 31 mai 1681, prêtre, curé de Sion.

VIII. — Alexis Barris, juge royal de Bazian, épousa, le 23 novembre 1723, Marie-Anne de Saint-Bresc de Lagrange. Il mourut le 18 août 1741. Il eut pour enfants :

1° Marie, née le 9 octobre 1724, mariée le 10 novembre 1750 à Mathieu de Barry, sieur de Rouède;

2° Christine, née le 1er mai 1726, morte le 11 juin 1726;

3° Jean, né le 21 novembre 1727, qui suit;

4° Jean-Baptiste, né le 1er août 1730, mort le 18 mai 1731;

5° Louis, né le 11 mai 1732, prêtre, curé de Cazaux-Pardiac, confesseur de la foi. Reclus sur les pontons de l'île d'Aix, rétabli dans sa cure en 1806, mort le 19 avril 1813;

6° Jean-Baptiste, né le 2 juin 1734, mort le 30 mars 1738;

7° Joseph, né le 4 septembre 1736, prêtre, curé de Bazian, confesseur de la foi, mort en 1804;

8° Jeanne-Marie, née le 12 janvier 1739, célibataire, morte le 16 avril 1824;

9° Suzanne, née le 4 décembre 1740, morte le 29 août 1741.

Jeanne-Marie Barris ne se maria pas. Elle vécut avec son frère Joseph, curé de Bazian, jusqu'au moment où la Révolution les chassa de cette paroisse.

Elle se retira alors au Capdubarry, où elle passa sa vie dans les exercices de la plus grande piété et de la charité.

En 1804 elle fit don à l'église paroissiale de Montesquiou du maître-autel monumental qui orne encore aujourd'hui le sanctuaire. Elle y ajouta un calice et un ostensoir en argent, des statues et des ornements sacerdotaux. Sa générosité était sans bornes; ne prenant rien pour elle, elle donnait tout à Dieu et aux pauvres. Elle avait quelquefois la main trop ouverte, et dans une circonstance ayant prêté au curé de Montesquiou, M. Dauxion, une somme de 12.000 livres dont il avait besoin pour parfaire le payement du domaine de Savis, qu'il venait d'acquérir pour sa famille, elle n'exigea de lui aucune reconnaissance écrite. Ses neveux blâmaient cette trop grande confiance, alors elle leur répondait qu'avec un prêtre elle n'avait pas besoin de titre. Mal lui en prit, car, le curé étant mort inopinément pendant un voyage à Auch, sa famille refusa de reconnaître la dette.

Jeanne-Marie Barris était désignée dans la famille par le nom de *la lala*. Elle avait demandé à Dieu de mourir le vendredi-saint. Sa prière fut exaucée, car elle rendit son âme à Dieu le vendredi-saint 1824, à 3 heures du soir. Sa mémoire est restée en grande vénération dans notre famille et parmi les habitants de Montesquiou.

IX. — Jean Barris, avocat en Parlement,

conseiller du Roi, juge royal de la ville de Barran, épousa, le 23 février 1756, Thérèse Despaux, fille de M. Despaux, substitut du procureur général du parlement de Toulouse pour le bailliage d'Antin, et sœur de Dom Raymond Despaux, religieux de la congrégation de Saint-Maur, prieur de Sorèze et directeur de l'École royale militaire de Sorèze de 1769 à 1790.

De ce mariage vinrent :

1° Jeanne-Marie, née le 1er mars 1757, morte sans alliance ;

2° Jeanne-Marie-Louise, née le 12 mai 1758, mariée le 21 février 1786 à Barthélemy Lacave, sieur de La Plagne, morte le 7 septembre 1803 ;

3° Pierre-Jean-Paul, né le 30 juin 1759, qui suit ;

4° Charles-Jean, né le 24 juin 1761, prêtre, chanoine de Castelnaudary, mort le 8 juin 1816 ;

5° Joseph-Marie-Lupercule, né le 26 avril 1763, prêtre, religieux bénédictin à l'abbaye de Bolbone, au diocèse de Mirepoix, puis chanoine de Chambéry, curé de Castelnaud-d'Anglès, mort le 1er mai 1843, rapporté plus bas ;

6° Marie-Anne Dominique, née le 17 septembre 1764, mariée le 6 mai 1788 à Jean-Dominique-Bernard Tarrible, avocat en parlement.

7° Simon-Jude-Mathieu, né le 28 octobre

1765, mort à l'Ile Saint-Domingue en septembre 1794;

8° Marie-Louise, née le 29 mai 1767, mariée
le 9 septembre 1791 à Raymond Dufaur de
Monfort, de la ville de Riscle;

9° Pierre-Cyprien-Marie, né le 15 septembre
1768, mort le 9 mai 1839, sera rapporté
plus bas;

10° Raymond-Jean-Joseph, né le 19 mars
1771, mort à l'île Saint-Domingue en 1792;

11° Josèphe-Benoîte, née le 21 mars 1772,
morte le 6 mars 1789;

12° Joseph-Marie, né le 25 septembre 1773,
capitaine d'artillerie volante, tué au combat
de Laval, en octobre 1794, rapporté plus
bas.

Jean Barris fit ses études au collège d'Auch
dirigé par les Pères Jésuites. Il suivit ensuite les
cours de droit à Toulouse, où il obtint le diplôme
d'avocat en Parlement; il fut nommé conseiller du
Roi et juge royal de la ville de Barran.

Homme de grande vertu, chrétien fidèle et
jurisconsulte éminent, il aurait pu arriver plus
haut sans la Révolution.

Son jugement sûr et sa science de jurisconsulte
le faisaient l'arbitre préféré de tous ses concitoyens. On le regardait comme impeccable en
matière de droit, et ses consultations, écrites en
forme de mémoire, étaient recherchées au Parlement de Toulouse. Il éclairait son esprit au moyen
des lumières de la religion. J'ai entendu rapporter

par des vieillards que Jean Barris entendait la
messe chaque matin. On le voyait traverser la
ville, le chapeau sous le bras, appuyé sur un
grand jonc à pomme d'ivoire.

En 1788, le Roi voulut vendre à l'archevêque
d'Auch la justice de Barran, et les deux parties
s'étaient mises d'accord pour procurer comme
compensation à Jean Barris une charge de conseiller au présidial d'Auch, mais la Révolution
emporta le Roi, l'archevêque, la jugerie de Barran, le présidial et bien d'autres choses. Jean
Barris devint alors simple avocat consultant.

Deux jours avant sa mort, son médecin lui par-
lant de l'espoir qu'il avait de le remettre sur pied,
il lui dit : « J'ai vécu vingt-huit ans garçon, vingt-
« huit ans marié, vingt-huit ans veuf, ma vie est
« terminée ».

Son troisième fils, Joseph-Marie-Lupercule, fit
ses études à l'école de Sorèze, il étudia la théologie et obtint une place monacale dans l'abbaye
bénédictine de Bolbonne, au diocèse de Mirepoix.
Il en fut chassé par la Révolution et vint se
cacher chez son père. Il y avait à cette époque
trois prêtres de la famille Barris et deux de la
famille Lacave cachés à Montesquiou. Chaque
nuit, à minuit, ces cinq prêtres célébraient leurs
messes dans une petite grange de la cour du cou-
chant de notre maison. Marcelin Noguès, grand-
père de notre serviteur Louis Noguès, leur servait
de clerc, et ce vieillard m'a souvent dit que pendant ces messes la grange et la cour étaient pleines

de fidèles ; jamais il n'y eut de traître parmi eux.

Après le rétablissement du culte en France, il fut nommé curé de Castelnau-d'Anglès. Il possédait dans cette paroisse un domaine assez important. Il gouverna sa paroisse avec sagesse et devint l'ami fidèle de ses paroissiens et leur bienfaiteur. Il agrandit et orna l'église, acheta un terrain et y fit bâtir le presbytère. Très généreux, il venait en aide à tous. Presque tous ses paroissiens étaient devenus ses débiteurs, et beaucoup négligeaient d'acquitter leurs dettes. Aussi l'excellent homme, lorsqu'il apprenait la mort d'un de ses paroissiens, demandait toujours s'il avait fait testament. Lorsque la réponse était négative, il disait à haute voix : *Qu'ou bailli.* Je ne comprenais pas ce don fait à un mort. Cependant l'explication était bien simple : il donnait à celui qui ne l'avait pas payé, pour décharger la conscience du défunt. En 1836, ses forces l'ayant abandonné, il donna sa démission et vint finir ses jours dans la maison du Capdubarry. Je me rappelle avec émotion ce vieillard respectable, nous comblant de cadeaux et supportant patiemment toutes les folies de notre enfance.

Il mourut le 1ᵉʳ mai 1843, instituant son héritier universel son neveu Raymond-Jean-François-Marie Lacave La Plagne Barris.

Son frère cadet, Pierre-Cyprien-Marie Barris, né le 15 septembre 1768, fit ses études à l'École royale de Sorèze, sous la direction de son oncle Dom Despaux. Son père, sollicité par le comte de Noé, l'envoya à l'île Saint-Domingue où il trouva

une situation avantageuse sur la plantation de
Breda, près du Cap Français, appartenant à la
famille de Noé. Lors de la révolte des nègres, les
esclaves de Breda, se souvenant des bons traite-
ments de leurs maîtres, firent grâce à tous les
blancs résidant à Breda et les reconduisirent sains
et saufs jusqu'à la ville du Cap Français. Cyprien
revint en Europe en 1795, et, grâce à la protection
de son frère aîné, il entra dans l'administration
des Domaines. Il épousa Sylvie Blanc, d'une
bonne famille de Toulouse. C'était une femme de
petite santé, aussi lorsque Cyprien la présenta à
son frère aîné, ce dernier entrant dans la chambre
de mon père lui dit qu'il ne comprenait pas son
frère qui avait épousé un squelette et qu'il préfè-
rerait bien qu'il eût épousé une bordière qui lui
aurait donné des enfants. Cyprien n'eut pas
d'enfants de son mariage. Il devint directeur des
Domaines à Auch, où il s'établit dans un très bel
hôtel de la rue des Jacobins. C'était mon parrain,
et il me gâtait outrageusement. Homme d'esprit,
de très bonne société, sa maison était le rendez-
vous de la meilleure compagnie. Il avait de fré-
quents accès de goutte et était devenu impotent.
Un domestique le poussait dans un fauteuil à
roulettes. Malgré ses souffrances, il conservait une
gaieté inaltérable. Très gourmand, sa table était
servie avec luxe et profusion; et lorsque sa
femme lui conseillait de modérer sa gourmandise,
il répondait qu'il voulait la vie courte et bonne.
Il mourut à Auch, le 9 mai 1839.

Le dernier frère Joseph-Marie Barris, connu
sous le nom de **M.** du Boirat, naquit le 25 septembre 1773. Comme ses frères, il fit ses études à
l'École de Sorèze et en sortit en 1790 dans le
corps de l'artillerie.

Son éducation solide, son ardeur militaire et sa
brillante conduite pendant les campagnes de 1792
et 1793 le firent remarquer par ses chefs, et en
cette année 1793 il fut nommé capitaine d'artillerie légère, il n'avait pas encore vingt ans.

Il fut enfermé à Mayence, avec la division du
général Aubert-Dubayet. Après la capitulation de
la place, ce corps fut envoyé en Vendée où il
rétablit peu à peu la situation critique des troupes
de la Convention au combat de Laval, en octobre
1794. La batterie commandée par du Boirat fut
cernée par l'ennemi, et le jeune officier fut tué sur
ses pièces. Ses armes furent envoyées à sa famille
et elles sont conservées au château de La Plagne.

Son frère aîné reçut une lettre très flatteuse du
représentant Merlin de Thionville et une lettre de
condoléance d'Henri de Larochejacquelein, ancien
condisciple de du Boirat à l'École de Sorèze.

Son frère Lupercule portait dans la famille le
nom de Montmirail, d'un bois situé près de l'église
de Riguepeu.

X. — Pierre-Jean-Paul Barris, né le 30 juin
1759, fit ses études à l'École de Sorèze, sous la
direction de Dom Despaux (de 1770 à 1777).

Il alla ensuite suivre les cours de droit à Tou-

louse, où il se fit recevoir avocat en Parlement.
Son père désirait pouvoir lui acheter une charge
au parlement de Toulouse, mais la Révolution de
1789 rompit ce projet. Après avoir fait son droit,
M. Barris fit un voyage en Italie; il avait le goût
des arts, ce qui lui permit de profiter de ce voyage
d'où il rapporta plusieurs toiles de valeur. Elles
sont dans la galerie du château de La Plagne, avec
un portrait de M. Barris, dessiné au pastel par
lui-même; il est représenté avec l'uniforme des
élèves de l'École royale militaire de Sorèze.

Lors de la réorganisation de la magistrature, il
fut nommé procureur du Roi près le tribunal de
Mirande, et ce fut pendant l'année 1790 qu'il
donna les prémices de son talent et de sa science
de jurisconsulte.

En 1791, le département du Gers l'élut député
à l'Assemblée Législative. Dans cette assemblée
il prit toujours très fermement la défense de la
monarchie, mais il se distingua surtout dans le
sein des commissions chargées d'étudier la législation et l'organisation judiciaire. Le lendemain
de la journée du 10 août 1792, signalé comme
aristocrate ardent par les clubs jacobins, il dut
quitter la capitale et venir se cacher à Montesquiou. Grâce à l'intervention de son beau-frère,
commandant le 3e bataillon du Gers, il put échap-
per à l'emprisonnement et à la mort.

En 1796, le département du Gers le désigna
pour faire partie du Tribunal de Cassation. En
1799, il fut chargé d'établir la Cour de Cassation

de Trèves pour les provinces rhénanes annexées
à la France.

Le premier consul le maintint à la Cour de
Cassation, et en 1806 il devenait président de
chambre à la même cour. Ses collègues l'esti-
maient être une des lumières de leur compagnie
et rendaient pleine justice à sa valeur comme
magistrat, à sa science et à la manière dont il diri-
geait les débats de sa section. On peut dire qu'il a
été une des gloires de la Cour de Cassation et
qu'il y a laissé des souvenirs impérissables. Il
mourut à Paris, le 27 juillet 1824, n'ayant jamais
voulu contracter mariage, à cause de la faiblesse
de son tempérament.

A l'audience du 18 août 1824, lors de l'installa-
tion du comte Portalis, qui remplaçait le baron
Barris, son ami intime le comte Desèze, premier
président de la Cour de Cassation, prononça l'al-
locution suivante :

« Au milieu des larmes qu'elle a données et
« qu'elle donnera encore longtemps à la perte
« immense et si douloureuse qu'elle vient de faire,
« la Cour de Cassation s'est félicitée de la bonté
« qu'avait eue le Roi de choisir dans son sein le
« magistrat qu'il destinait à l'adoucir et de l'au-
« guste suffrage dont vous êtes devenu l'objet. Ce
« choix du Souverain est une double faveur pour
« elle.

« Sans doute, votre nom, les talents héréditaires
« de votre famille, vos talents souvent éclatants et
« toujours utiles, vos nombreux succès dans plu-

« sieurs carrières, les services que vous avez ren-
« dus à l'État, la récompense même si noble que
« vous en avez obtenue, tout appelait sur vous ce
« témoignage si précieux de confiance dont le
« Monarque vous honore aujourd'hui.

« Mais, vous le dirai-je, monsieur, ce beau
« témoignage, ce témoignage dont la puissance
« nous suffit à nous pour nous rassurer, ne vous
« donne-t-il pas, à vous-même, comme une sorte
« d'inquiétude.

« Vous succédez, en effet, à un de ces hommes
« rares qui laissent aux générations qui doivent
« les suivre d'éternels regrets, et dont on oppose,
« pour ainsi dire, le grand souvenir à tous ceux
« qui sont appelés à s'asseoir à la même place.

« M. Barris réunissait tout, talents brillants,
« admirable facilité surtout qui tenait du prodige,
« la nature lui avait tout donné, et ce que la
« nature ne peut pas donner il l'avait acquis.

« Sa vie entière n'a été qu'une application
« continuelle de ses longues études et des médita-
« tions qui les avaient encore fécondées.

« Distingué dès sa jeunesse, il avait dans toutes
« les fonctions qu'il avait exercées un esprit supé-
« rieur; plus tard et particulièrement consacré à
« la législation criminelle qu'il possédait en légis-
« lateur et en magistrat, il a dirigé pendant dix-
« huit années celle de nos sections qui en fait
« l'objet exclusif de ses jugements, et dans tout le
« cours de cette époque il n'a pas cessé, on peut
« le dire, de la diriger avec gloire.

« Il a rendu surtout, depuis la Restauration, à la
« société et au Gouvernement, des services immen-
« ses, et ces services il les a rendus par sentiment
« comme par devoir. Son dévouement à la monar-
« chie, à la personne du Roi, à sa famille, était
« sincère et profond, je lui dois ce témoignage
« public, monsieur, et je le rends ici loyalement à
« sa mémoire comme je le rendais au Roi lui-
« même pendant sa vie. Du reste, d'un caractère
« éminemment doux, d'une justice ferme sans
« être sévère, d'un commerce attrayant autant que
« facile, M. Barris, excellent collègue, ami fidèle,
« parent sensible, soutien généreux de sa famille,
« avait tout ce qu'il faut pour se faire aimer et
« tout ce qui commande ce genre d'estime qui
« s'approche de l'admiration. C'est aussi, mon-
« sieur, cette réunion si rare de qualités brillantes,
« de moyens puissants, de dons heureux qui me
« faisait vous exprimer tout à l'heure l'espèce de
« crainte que pouvait inspirer l'honneur de lui
« succéder. »

Il est impossible de faire un éloge plus noble et
plus éloquent. Dans cette circonstance le comte
Deséze avait laissé parler son cœur. La mort du
baron Barris privait la compagnie d'un magistrat
éminent. M. Deséze, perdant M. Barris, perdait
en lui un ami ancien et fidèle à côté duquel il
avait traversé les orages sanglants de la Révolution.

Mais les vertus et les qualités les plus nobles et
les plus incontestées ne sont pas à l'abri de la

calomnie, l'esprit de parti ne respecte même pas ce qu'il y a de plus sacré.

Peu de jours après la mort du président Barris, un vil folliculaire ne craignit pas de publier dans un journal du parti appelé alors le parti libéral, *Le Courrier français*, un article injurieux pour la mémoire de l'illustre défunt. Quoique tenant en fort petite estime cette caste méprisable de certains journalistes qui ne savent que mentir, calomnier et essayer de salir tout ce qui est noble et pur, les neveux du baron Barris relevèrent la calomnie dans une lettre qui fut insérée au *Moniteur universel*, journal officiel, à la date du 10 août 1824. Elle est signée par mon père et par mon oncle. Je la donne ici en son entier, sans y rien changer :

Au rédacteur,

« Monsieur, le lendemain des obsèques de
« M. Barris, président à la Cour de Cassation, il
« a paru dans un journal intitulé *le Courrier fran-*
« *çais* un article injurieux pour la mémoire de ce
« magistrat et le Corps dont il a fait partie pendant
« vingt-huit ans. Ce n'est pas à nous qu'il appar-
« tient de relever cette misérable attaque contre
« la Cour de Cassation, au milieu de la vénération
« publique dont cette compagnie est environnée,
« nous manquerions au respect que nous lui por-
« tons en paraissant supposer qu'elle a besoin
« d'être défendue contre les coups dirigés sur elle
« par un calomniateur anonyme ; nous ne ferons
« aucune réflexion sur l'idée, accueillie par l'écrit

« périodique dont il s'agit, de verser l'outrage sur
« la tombe qui vient de se fermer. Plongés dans
« la douleur d'une perte récente et cruelle,
« certains que le souvenir des vertus de M. Barris,
« de son noble caractère et de ses talents resterait
« dans le barreau, dans la magistrature, parmi ses
« nombreux amis et parmi ses collègues, nous
« n'avons nullement songé à des insertions dans
« les journaux sur la vie du parent que nous
« pleurons. Nous nous bornons à un sentiment de
« reconnaissance envers les personnes qui ont
« bien voulu payer un tribut à sa mémoire, dans
« la *Gazette de France, Le Moniteur* et le *Journal*
« *des Débats* (article du *Moniteur* du 1er août
« 1824).

« Mais l'article publié par le *Courrier français*
« ne permet pas de garder un silence qui conve-
« nait d'ailleurs si bien aux douloureuses conjonc-
« tures où nous nous trouvons. La réputation
« qu'a laissée M. Barris est pour nous un héritage
« trop précieux, nous serions trop peu dignes de
« l'affection qu'il nous témoignait si nous hési-
« tions à repousser la calomnie dont on veut cou-
« vrir son tombeau.

« Un exposé rapide et fidèle de sa vie suffira
« pour atteindre ce but.

« M. Barris qui, selon le journal en question,
« fut appelé à l'Assemblée législative *comme chaud*
« *partisan de la Révolution*, défendit avec fermeté
« la monarchie dans cette assemblée. Après le
« 10 août il fut forcé de fuir, et dans cette fatale

« journée il n'avait échappé qu'avec peine à la rage
« des assassins auxquels il avait été nominative-
« ment désigné.

« De retour dans sa province il fut en butte aux
« persécutions des jacobins; il n'évita de porter sa
« tête sur l'échafaud qu'en intimidant, par un
« courage fort rare à cette époque, quelques hom-
« mes qui avaient le pouvoir et qui servaient la
« Convention plutôt par faiblesse que par cruauté.

« En 1796, il fut envoyé par le département du
« Gers au Tribunal de Cassation; il y montra
« cette sagesse, cette modération et cette indépen-
« dance magistrale qui ont honoré sa vie, et dont
« il fut puni après le 18 fructidor par la cassation
« de ses fonctions longtemps avant le terme
« auquel elles devaient finir.

« Lorsque ceux qui s'étaient saisis de l'autorité
« commencèrent à sentir qu'il ne pouvait exister
« de gouvernement que par le rétablissement de
« l'ordre et de la justice, M. Barris fut appelé à
« des fonctions publiques : il entra à la Cour de
« Cassation en 1800. Depuis 1806 il présida la
« section criminelle, il eut plus d'une occasion de
« montrer combien il méritait peu le reproche que
« l'on ose lui adresser d'avoir eu pour le pouvoir,
« en quelques mains qu'il fût, une déférence cou-
« pable. On n'a pas oublié notamment l'affaire du
« jury d'Anvers et la résistance inébranlable aux
« volontés du despote le plus impérieux. Cette
« résistance et la conviction qu'il n'était pas un
« seul des collègues de M. Barris qui ne partageât

« ses nobles sentiments forcèrent Bonaparte à
« respecter l'indépendance de la Cour de Cassa-
« tion et l'entraînèrent dans un de ces actes inouis
« d'arbitraire qui ont contribué à sa chute.

« A la Restauration, M. Barris fut maintenu à
« la tête de la section criminelle. Il fut revêtu en
« 1821 de la décoration de l'Ordre royal de la
« Légion d'honneur. Il est vrai que dans le cercle
« de ses fonctions la conduite de M. Barris a été
« la même sous les divers ministères qui se sont
« succédé depuis neuf ans.

« Comme tous les magistrats dignes des attri-
« butions qui leur sont confiées, il n'a jamais vu
« que le devoir de maintenir l'exécution des lois
« avec impartialité et avec fermeté. Soit qu'il prît
« part aux arrêts auxquels le journal a fait allu-
« sion, qui ont trop efficacement peut-être à ses
« yeux réprimé les tentatives désorganisatrices,
« soit qu'il coopérât à d'autres décisions dont
« quelques-unes ont été favorables à ce même
« journal, il n'écoutait, comme ses collègues, que
« la voix de la conscience et la conviction dont il
« était pénétré que le magistrat était l'esclave de
« la loi.

« Pour justifier le caractère et les opinions de
« M. Barris nous pouvons invoquer le souvenir
« de tous ceux qui ont partagé ses travaux depuis
« trente ans; nous pourrions parler d'une ancienne
« et inaltérable amitié d'un homme dont le nom et
« les affections ne s'allient pas à des idées de fai-
« blesse; nous pourrions nommer aussi un magis-

« trat qui, au retour du Roi, associa l'illustration
« de ses talents et d'un acte immortel de courage
« et de dévouement à l'illustration de la Cour de
« Cassation.

« Il nous permettrait peut-être de rappeler les
« nombreux témoignages d'estime et d'attache-
« ment qu'il a donnés à M. Barris, témoignages
« qui ajouteraient au bonheur de notre respec-
« table parent et qui font l'orgueil de sa famille.
« Nous dirons enfin qu'aux yeux des hommes
« impartiaux les attaques du *Courrier* sont une
« preuve de plus que M. Barris, placé dans une
« position difficile et importante, en a rempli les
« devoirs en bon citoyen, en loyal magistrat et en
« fidèle sujet du Roi. Le journaliste ajoute que
« M. Barris était redouté du barreau et gênait la
« défense des accusés : nous en appelons, à cet
« égard, à l'ordre des avocats à la Cour de Cassa-
« tion, ordre pour lequel celui dont nous avons à
« venger la mémoire nous a souvent exprimé une
« haute estime, et qui, de son côté, nous a récem-
« ment donné des preuves des regrets que lui
« inspirait la perte que venait de faire la Cour près
« de laquelle il est placé. Nous sommes convain-
« cus qu'il n'est pas un seul membre de ce corps
« qui voulût consentir à être considéré comme
« l'auteur de l'article auquel nous répondons.

> « F.-R. de La Plagne, procureur général
>   « du Roi près la Cour royale de Metz;
> « J.-L. de La Plagne, conseiller référen-
>   « daire à la Cour des Comptes. »

Les deux amis du baron Barris auxquels il est fait allusion dans la lettre qui précède étaient le comte Desèze, défenseur du roi Louis XVI devant la Convention, et le comte de Serres.

Le président Barris ne s'était pas marié, son frère Lupercule était prêtre et son autre frère Cyprien était marié et sans enfant. Il institua donc héritier son neveu de prédilection, Raymond-Jean-François-Marie Lacave Laplagne, fils aîné de sa sœur, lui laissant tous ses biens meubles, immeubles et titres à la condition d'ajouter à ses noms le nom de Barris. En conséquence, par ordonnance royale de l'année 1825, mon père fut autorisé à ajouter à ses noms celui de Barris. C'est pourquoi la branche aînée de notre famille porte les noms de Lacave Laplagne Barris.

Armoiries de la famille Barris : *d'or à trois fasces de sable.*

Memor esto patrum tuorum.

Souvenons-nous de nos ancêtres, souvenons-nous de leur noble devise espagnole : *Siempre fiel,* « Toujours fidèle ».

Efforçons-nous, par une vie vertueuse et utile, d'honorer les noms qui nous ont été légués par eux.

Cyprien **LACAVE LA PLAGNE BARRIS.**

Capdubarry (Montesquiou), ce 5 décembre 1906.

Auch. — Imprimerie Léonce Cocharaux, rue de Lorraine.

9 782013 619615